Sextener Weihnachtskrippen

Umschlagbild:
Kirchenkrippe in Moos bei Sexten

Diese Publikation wurde durch die finanzielle
Unterstützung der Südtiroler Landesregierung,
Abteilung für Unterricht und Kultur der deutschen
und ladinischen Volksgruppe, ermöglicht.

1991
Alle Rechte vorbehalten
© by Verlagsanstalt Athesia Ges.m.b.H., Bozen
Gesamtherstellung: Athesiadruck, Bozen
ISBN 88-7014-654-5

Adolf Fuchs · Josef Kiniger

SEXTENER WEIHNACHTSKRIPPEN

Herausgegeben vom
Verband der Krippenfreunde Südtirols

VERLAGSANSTALT ATHESIA · BOZEN

Vorwort

Seit einem Dutzend Jahren besteht im Südtirol ein eigener Verband der Krippenfreunde. Er wurde 1979 durch Krippenfreunde aus Nordtirol angeregt. Umgekehrt gaben 1909 bei der Gründung des Vereins der Krippenfreunde Tirols in Innsbruck Südtiroler einen wesentlichen Anstoß. Der eigentliche Initiator war Chorherr Johannes Chrysostomus Mößl vom Stift Wilten; er stammte aus Meran. Ebenso anregend wirkte der Direktor des Priesterhauses in Sarns bei Brixen, H. H. Ferdinand Plattner, mit dem ihm eng verbundenen Anton Mayr, Finsterwirt in Brixen.

Bereits in jener Zeit bestand im Hochpustertal eine rege Krippentätigkeit. Sie brach auch während der beiden Weltkriege und der harten Faschistenzeit nicht ab. So wurde etwa in Toblach der „Unschuldigkindltag" als Tag der Krippenfreunde wieder neu gefeiert. 1942 kamen etwa siebzig Krippenfreunde zur heiligen Messe und hörten hernach einen Vortrag von dem eifrigen Krippenbauer und Hersteller von Figuren, H. H. Konrad Lechner von Neustift bei Brixen.

Die Ausführungen dieses Buches möchten einen Ausschnitt der Krippentätigkeit in dieser Gegend geben, nämlich von Sexten, das im letzten Seitenstrang des Pustertales auf dem Weg zum Kreuzbergpaß liegt. Zahlreich sind dort die Krippenfreunde. Eine Krippenausstellung im Hause Sexten zeigte 1989 eine hervorragende Zusammenfassung der vielseitigen Tätigkeiten. Zugleich wurden auf einer Bildtafel die verstorbenen Krippenbauer und Schnitzer von Figuren von Sexten vorgestellt. Wer das Glück hatte, bei einem „Krippeleschauen" in den verschiedenen Häusern mitzugehen, der war erstaunt über die Fülle der Krippen und die künstlerische Arbeit, mit der sie ausgeführt worden waren.

Das alles hat dazu angeregt, die reichen Schätze in einem Buch zusammenzufassen, um möglichst vielen Menschen einen Einblick in das Krippenschaffen von Sexten und damit auch seiner nächsten Umgebung zu vermitteln. Das Buch möchte zugleich zur Meditation anregen.

Eine große Zahl fotografischer Wiedergaben veranschaulicht den Text der Kurzbiographien verstorbener und noch lebender Krippenkünstler. Wenn auch die Art und Weise, wie die Krippen gebaut wurden, viel Interesse weckt, so ist der eigentliche Grund dieser Tätigkeit doch darin zu sehen, daß auf dem schlichten Weg des „Krippeleschauens" eine treffliche Möglichkeit gegeben ist, einen Zugang zum einzigartigen Geheimnis der Menschwerdung unseres Herrn Jesus Christus zu finden. Männer haben mit großem Einsatz und gläubiger Hingabe die Werke geschaffen, um durch diesen sinnenhaft wahrnehmbaren Ausdruck des Weihnachtsgeheimnisses Geist und Herz für das Übersinnliche, für das Göttliche zu öffnen. So liegt dem Krippenbau eine seelsorgerliche Tätigkeit zugrunde, wie sich der Altmeister im Krippenbau, Altabt Konrad Lechner, wiederholt deutlich und klar ausgedrückt hat.

Ein besonderer Dank sei den Verfassern des vorliegenden Buches ausgesprochen, den Herren Altlehrer Josef Kiniger, der den Text verfaßt hat, und Adolf Fuchs, der das Bildmaterial beisteuerte. Einen aufrichtigen Dank möchte ich dem Kulturreferenten der Landesregierung, Herrn Landesrat Dr. Bruno Hosp, aussprechen, der durch eine finanzielle Unterstützung die Veröffentlichung dieses Buches ermöglichte. Möge es nun allen, die es in die Hände nehmen, tiefe Freude schenken!

Im Namen des Verbandes der Krippenfreunde Südtirols der Obmann

† Dominikus Löpfe, Altabt

Kurze Geschichte der Weihnachtskrippe

Alte Weihnachtsbilder als Vorläufer der Weihnachtskrippe

„Ihr werdet ein Kind finden, in Windeln eingewickelt und liegend in einer Krippe." Diese Engelsworte bilden die erste Krippenurkunde. Nach der Überlieferung war die Geburtsgrotte des Herrn eine natürliche Höhle, in der sich neben kleineren Vorräten an Heu und Stroh auch eine Krippe, d. i. ein Trog aus Holzbrettern, befand. In diese Krippe wurde der neugeborene Heiland gelegt. Die Reste der hölzernen Krippe unseres Herrn sollen unter Papst Theodor (642–649), der aus Jerusalem stammte, nach Rom gebracht worden sein, um sie vor den Sarazenen zu retten. Diese wertvolle Reliquie kam in die Basilika Santa Maria Maggiore, und Papst Pius IX. hat die Krippenteile in einem Silberschrein unter dem Hochaltar unterbringen lassen.

In den Katakomben des 4. Jahrhunderts findet man schon Darstellungen der Krippe mit Ochs und Esel.

Alte Hirtenspiele, die allmählich zu großen Weihnachtsspielen anwuchsen, waren ebenso Vorboten der heutigen Weihnachtskrippe. Seit dem 11. Jahrhundert wurden diese Spiele, die anfangs nur in Kirchen abgehalten wurden, wegen Ausartungen außer die Kirche verlegt. Also gab es schon vor Franziskus bildliche Krippendarstellungen. Diese waren jedoch fast ausschließlich mit den Weihnachtsspielen verbunden.

Kein Heimatforscher vermag uns eine sichere Antwort zu geben, wann und wo in unserer Heimat die ersten Weihnachtsbilder entstanden sind. Viele sind sicher übermalt worden und zugrunde gegangen.

Erhalten geblieben ist uns aus dem Anfang des 12. Jahrhunderts eine Darstellung der Geburt Christi in einem Evangelienbuch des ehemaligen Klosters Kartaus im Schnalser Tal (heute im Staatsarchiv in Trient). Die nächstälteste Weihnachtsdarstellung ist auf einem Wachssiegel zu einer Urkunde vom Jahr 1267 des Brixner Domherrn Konrad von Reischach (im Archiv des Klarissenklosters in Brixen).

Das älteste Weihnachtsbildwerk Osttirols ist ein Relief aus Stein, die Anbetung der Dreikönige, an der Außenseite der Wallfahrtskirche Maria Schnee in Obermauern bei Virgen. Die Kritiker sind sich nicht einig darüber, ob das Bild noch aus der romanischen Periode stammt, oder ob es schon der gotischen Zeit zuzurechnen sei. Jedenfalls legten die Bewohner des Iseltales Wert darauf, schon um das Jahr 1300 das Weihnachtsgeheimnis in einer ihrer ältesten Kirchen dargestellt zu sehen.

Aus der frühgotischen Zeit des 14. Jahrhunderts sind noch vereinzelte Weihnachtsdarstellungen erhalten: in der Johanneskirche und im Kreuzgang von Brixen, in der Kapelle des Schlosses Tirol und in der St.-Johannes-Kirche in Taufers im Vinschgau.

Die Weihnachtsdarstellungen werden zahlreicher in der Zeit der Hoch- und Spätgotik, von 1440 bis 1550. Die neugeschaffene Form des Flügelaltares bot im Mittelschrein, in der darunterliegenden Predella und an den beiden Flügeln vielfach Raum für Maler und Schnitzer. Weihnachtsdarstellungen wurden gerade da gerne gewählt, weil sie den Künstlern Gelegenheit boten, figurenreiche Kompositionen zu schaffen und Leben und Art ihrer Zeit wiederzugeben.

Erwähnt seien der Weihnachtsaltar bei den Franziskanern in Bozen (vom Meister Hans Klocker aus Brixen) und die Weihnachtsdarstellungen an der Mensa des Altars in Weißenbach.

Zu den wertvollsten Tafelgemälden dieser Zeit gehören die Anbetung der Könige von Friedrich Pacher in Mitterolang und die von Hans Multscher in Sterzing.

Im 15. und 16. Jahrhundert haben sich in Brixen und Neustift Miniaturmalerschulen gebildet mit ausgezeichneten Leistungen in der Buchmalerei, z. B. ein Weihnachtsbild aus einem

Graduale vom Jahr 1442, das Friedrich Golner in Neustift geschrieben und mit Bildern geschückt hat.

Die Wirren der Bauernkriege (1524/25) und die Reformation brachten einen Niedergang des religiösen Lebens. Erst durch die Gegenreformation wurde der religiöse Eifer neu belebt, und auch das religiöse Kunstschaffen bekam neuen Auftrieb.

Die neuen Kunstformen der Renaissance kamen von Italien und haben in unserem Land wenig Eingang gefunden. Ihre Weiterentwicklung ging in Barock und Rokoko über. Zu den wenigen Weihnachtswand- und Deckenbildern dieser Zeit gehören die Bilder von Kaspar Waldmann in der Marienkapelle der Neustifter Klosterkirche, die 1696 gemalt und mit reicher Stuckumrahmung geschmückt sind. Öfter trifft man in dieser Zeit Weihnachtsdarstellungen als Altarbilder: Paul Troger in der Pfarrkirche von Welsberg, Martin Knoller in der Stiftskirche in Gries, J. Mitterwurzer in der Franziskanerkirche in Brixen. Der Einfluß der italienischen Kunst ist unverkennbar. .

Mehr Ruhe in die Stilformen brachte wieder das 19. Jahrhundert. Unter dem Einfluß der Romantik kehrte die alte Auffassung der Bildwerke wieder. Hauptvertreter dieser Richtung sind: Georg Mader mit Weihnachtsbildern in der Pfarrkirche von Bruneck, Plattner und Pernlochner in ihren Heimatpfarren Zirl und Thaur und Albrecht von Felsburg in der Kirche des Vinzentinums in Brixen.

Der Brunecker Josef Bachlechner brachte bald auch die heimatliche Art der Weihnachtsdarstellung wieder mehr zur Geltung. Er hat das Weihnachtsgeheimnis ganz in unser Tirolerland hineingestellt.

Die neuen Geistesströmungen erreichten auch unsere weltfremden Täler. Das Streben der modernen Kunst, bei der Darstellung eines Ereignisses alles Unwesentliche wegzulassen und den Wesensgehalt in monumentaler Form wiederzugeben, hat uns Weihnachtsbilder solcher Auffassung gebracht, z. B. ist im Bild „Weihnacht" von Albin Egger-Lienz nur die Gottesmutter mit dem Kind dargestellt.

Die Weihnachtskrippe

„So herrlich und vielgestaltig die Kunst den Weihnachtsgedanken in Bildern und Schnitzwerken dargestellt hat, mehr Weihnachtsfreude schuf und schafft die Weihnachtskrippe", schrieb Hermann Mang einmal. „Sie trägt den Festgedanken erst recht in die Familie."

Wann bei uns die ersten Krippen entstanden sind, liegt ganz im dunkeln. Als Vater der Weihnachtskrippe gilt der hl. Franz von Assisi. Es gab aber sicher schon vor Franziskus bildliche Krippendarstellungen, doch waren diese mit den Weihnachtsspielen verbunden. Schon zu Lebzeiten des Heiligen kamen seine Ordensbrüder auch in unser Land. Es ist nicht überliefert, ob sie oder ihre nächsten Nachfolger schon eine Krippe gebaut haben.

Das deutsche Wort Krippe bedeutet Futtertrog. Später hat man die Nachbildung der Grotte von Bethlehem und des dort stattgefundenen Weihnachtsgeheimnisses als Krippe bezeichnet.

Die gotische Zeit hat in ihrer Bildfreude sicher auch das Weihnachtsbild in das Haus gebracht und Krippen aufgestellt. Vom gotischen Schnitzaltar zur Weihnachtskrippe ist es ein kleiner Schritt.

Die Dreikönigsgruppe in der Predella des Hochaltares in St. Sigmund im Pustertal kann wohl als die älteste Krippendarstellung von Tirol gelten (1390 bzw. 1440).

Die älteste erhaltene Hauskrippe, im Besitz des Maxenbauers in Thaur, stammt aus der Übergangszeit von der Gotik in die Renaissance (um 1600).

Aus der ersten Hälfte des 17. Jahrhunderts ist uns im Kloster Neustift die Stiftskrippe mit fast lebensgroßen, in heimischer

Tracht gekleideten Figuren, als älteste Kirchenkrippe erhalten geblieben.

Aus der Kirche kam die Krippe allmählich in die Familie und wurde immer mehr verbreitet. Dann kam die Aufklärungszeit; der war die Krippe natürlich ein Gräuel. Es wurden sogar vom Josephinischen Staat Verbote gegen die Krippe erlassen, weil die Krippe ein einfältiges Kinderspiel sei. Selbst die Geistlichen bemühten sich da und dort, das volkstümliche Beiwerk zu verdrängen und die Weihnachtsfeier nüchterner zu gestalten. Wenn sich auch das gläubige Volk dadurch seine Krippe nicht ganz nehmen ließ, so wurden doch das Verständnis und die Freude für die Krippe um vieles herabgemindert. Viele alte Krippen verschwanden, wanderten auf den Dachboden. Motten befielen die gekleideten Figuren, spielende Kinder taten das übrige, und so gingen viele Krippen zugrunde. Ein Teil ging um ein Spottgeld zum Antiquar und von dort ins Ausland (z. B. Münchner Nationalmuseum). Nur mehr wenige Orte in der Umgebung von Innsbruck hielten am alten Brauch in Treue fest, so die Krippendörfer Thaur, Zirl, Inzing und Götzens.

Durch die romantische Bewegung kamen alte Bräuche wieder zu Ehren. Diese Strömung kam gerade zur richtigen Stunde, weil der neueingeführte Christbaum der Krippe den Rest zu geben drohte. Er sagte mit seinem äußeren Flitter dem von Innerlichkeit und Innigkeit entfernten modernen Menschen mehr zu.

Noch eine andere Gefahr droht. Die Industrie bringt neben manchen guten leider auch viele minderwertige Krippenformen und -figuren, die weder religiöses noch künstlerisches Verständnis verraten.

Bald ist wieder neues Leben in die Krippenbewegung gekommen. Im Jahr 1909 ist vom Hochw. Pfarrer Mößl der Verein der Krippenfreunde gegründet worden. Seit nunmehr zehn Jahren haben wir auch den „Verein der Krippenfreunde Südtirol" mit 21 Ortsgruppen.

Ob die Krippenbewegung lebenskräftig bleibt, hängt ab von der Innigkeit des religiösen Lebens, der Freude zum Bildschaffen und nicht zuletzt davon, ob immer Männer wie Frauen den Krippengedanken mit Tatkraft vertreten.

Der Krippengedanke hat die verschiedenartigsten Darstellungen gefunden. In der Wiedergabe der Landschaft und Trachten gibt es zweierlei Auffassung: die tirolisch-heimatliche und die orientalische. Beide haben ihre Berechtigung und führen zum gleichen Ziel.

Die Krippe hat sich bei uns seit Jahrhunderten eingebürgert. Sie hat Zeiten der Blüte und Zeiten des Niederganges erlebt. Heute steht sie wieder allseits in Ehren.

Unser Volk hat die Krippe liebgewonnen, weil sie das Wunder der Heiligen Nacht so anschaulich darstellt, den Weihnachtsgedanken in unsere Berge bringt, das Volksleben widerspiegelt und zu vielfach künstlerischer Betätigung anregt.

Auch in schweren Zeiten und Unglücksfällen haben unsere Leute die Krippe nicht vergessen; z. B. hat man 1915, als Sexten wegen unmittelbarer Kriegsgefahr evakuiert werden mußte, die alte Kirchenkrippe, die damals in Privatbesitz war, mitgenommen. Andernfalls wäre sie dem Brand von St. Veit zum Opfer gefallen. Der Maler Franz Seelos rief beim großen Zirler Brand im Jahr 1908 seiner Frau zu: „Du nimmst die Kinder, i nimm die Krippe!"

Recht hat der Krippenfreund, der behauptet: „Rückkehr zur Krippe heißt, den Glauben neu erfassen und vertiefen."

Wenn jede Gemeinde ihre große Kirchenkrippe hätte, jedes Haus aber seine kleine Weihnachtskrippe, dann müßte unser Tirol noch einmal das heilige Tirol werden, das es ehedem war, und so müßte sich dann erfüllen, was unser lieber, guter Reimmichl, der Sänger der Tiroler Weihnacht, in seinem Büchlein „Weihnacht in Tirol" das Christkind bittet:

„Heb' einmal in Himml 's Tirolerlandl,
Wie's liegt und wie's steht in sein' Weihnachtsgewandl!"

Verstorbene Krippenbauer und Krippenschnitzer von Sexten

Bei der großen Krippenausstellung 1989 im Haus Sexten wurden in einer Bildtafel die verstorbenen Krippenbauer und -schnitzer von Sexten vorgestellt.

Die bedeutendste Persönlichkeit war der Krippenvater *Anton Stabinger* (1867–1942), der Mondscheinwirt in Sexten. Er war vielleicht der radikalste Orientalist unter den Krippenfreunden. In seiner Weihnachts- und Fastenkrippe hat er Palästina, wie er es im Sommer 1906 geschaut hat, so naturgetreu wiedergegeben, daß es kaum eine bessere orientalische Krippe gibt. Wohl an die 200 größere und kleinere Krippenberge stammen aus seiner Hand.

Pater Simon Reider (1889–1947) war sein Leben lang von der volksnahen Darstellung des Weihnachtsgeheimnisses fasziniert. Man könnte ihn als den Theoretiker unter den Krippenfreunden bezeichnen. Er veranstaltete Krippenkurse und Krippenausstellungen, sprach bei ungezählten Versammlungen der Krippenfreunde, von 1929 bis 1940 oblag ihm die Schriftleitung des „Krippenfreundes". Im Jahr 1935 bezahlte ihm sein Bruder Josef eine Reise ins Heilige Land. 1936 verfaßte Pater Simon eine Anleitung zum Krippenbau. Allzufrüh nahm ihm der Tod während einer Volksmission die Feder aus der Hand. Pater Simon war ein vorbildlich eifriger, verständnisvoller und kunstsinniger Förderer des Krippengedankens in Wort und Schrift.

Dagegen war der „Herrgottsschnitzer" *Josef Tschurtschenthaler* (1893–1968) vulgo „Kramer" der große Praktiker und Realist. Mit unglaublicher Fertigkeit schnitzte und malte er, obwohl er nie ein Anatomiestudium oder eine Fachschule besucht hat. Seine Phantasie war schier unerschöpflich. Für Stabingers Fastenkrippe im „Gasthof Mondschein" schnitzte er nicht weniger als 520 Figuren und brachte so Leben in den Krippenberg. Durch seinen Pinsel erhielten eine Unmenge Krippen in und um Sexten ihren Hintergrund. In der Optionszeit malte er um wenig Geld viele interessante,

sogenannte Auswanderertafeln, die heute schon fast Geschichtsdokumente sind.

Es wäre verfehlt anzunehmen, daß die Krippenschnitzerei bei *Alfons Brugger* (1894–1973) die Hauptarbeit war. Tischler war sein Beruf. Für seine Familie baute er eine kleine orientalische Kastenkrippe hinter Glas. Die Figuren dazu sind kunsthandwerklich hochwertige Leistungen voller Bewegung und perspektivisch abgestuft, die fernsten Schafe kleiner als 1 cm. Figuren aus seiner Werkstatt bevölkern mehrere Sextner Weihnachtskrippen. Immer wieder brachte ihm DDr. Wolfsgruber schadhafte Figuren aus dem Krippenmuseum in Brixen zu fachgerechter Reparatur. Ein Unikat Bruggers ist eine kleine, sehr sorgfältig und wahrhaft künstlerisch gearbeitete Weihnachtsdarstellung aus verschiedenfarbiger Hornmasse.

Das Leben von *Josef Fuchs* (1905–1978), Bauer zu Niedergols, war der Familie und besonders dem Dienst an der Krippe gewidmet. Mehrere Sextner Familien können einen Berg dieses exakten Krippenbauers ihr eigen nennen. Er war wohl der erste, der die beweglichen, gekleideten Figuren nach Lechner-Art nach Sexten brachte. Alle Kleider nähte und strickte er selbst, und um den Figuren die richtige natürliche Stellung zu geben, setzte er sich selbst auf den Stubenboden und probierte. Als ihn Prälat Lechner einmal besuchte, um seine Produkte zu sehen, soll dieser gesagt haben: „Der hat den Meister übertroffen." Immer wieder haben ihm begeisterte „Krippeler" Einzelfiguren oder ganze Gruppen aus seiner eigenen Krippe abgebettelt, die es wieder zu ersetzen galt.

Franz Summerer (1904–1979), Bauer zu Pfeifer, schnitzte nicht nur, sondern baute auch recht beachtliche orientalische Krippenberge. Im Sommer bearbeitete er seine Felder, im Winter bearbeitete er Zirbenholz. Obwohl er nie irgendeine Fachschule besucht hat, sind seine Figuren in der Ausführung recht hübsch, besonders die Schafe, und verraten künstlerische Begabung. Wenn es eilig wurde, arbeiteten auch seine Brüder Sebastian und Johann mit, um allen Aufträgen nachkommen zu können.

Johann Außerhofer (1877–1946) hatte ein schweres Schicksal zu tragen, er war taubstumm. Als gelernter Kunsttischler, dazu verhalf ihm ein gutsituierter Onkel in Nordtirol, kam er nach dem Ersten Weltkrieg zu seinen Verwandten nach Gattern am Mitterberg. Er bereicherte Sexten mit einer beachtenswerten orientalischen Krippe – heute zu Gattern –, unverkennbar der großen Stabinger-Krippe nachempfunden.

Als der Krippenberg im Rohbau fertig war, sollte er mit der Materialseilbahn zu Tal gebracht werden, damit Josef Tschurtschenthaler den passenden Anstrich und Hintergrund malen konnte. Beim dritten Seilträger streifte die Krippe und polterte aus der Gondel in die Tiefe. Das Ergebnis ist leicht denkbar. Die Krippe ging völlig zu Bruch, und die Trümmer rutschten weit über den verharschten Schnee talwärts. Angesichts dieser Katastrophe hat der arme Taubstumme geweint.

„Doppelt genäht hält besser", das auch hier. Mit bewundernswerter Geduld und Ausdauer hat sich Außerhofer wieder an die Arbeit herangemacht und das Werk vollendet.

Mit Erfolg in der Krippenbauerei und -schnitzerei betätigte sich *Johann Reider* (1903–1981). Eine Ausbildung im herkömmlichen Sinn hatte er nicht. Sechs größere und mehrere kleinere orientalische und Tiroler Krippen und ungezählte Einzelfiguren verließen seine Werkstatt. Seine eigene Orientkrippe füllte einen beträchtlichen Teil der Wohnstube.

Seine Figuren sind fein ausgearbeitet, zeigen reiche Abwechslung und großzügige Phantasie, besonders der Zug der Könige. Ein Charakteristikum in seiner Krippe sind die großen Schafherden. Wenn in der Weihnachtszeit Krippenfreunde auf Wallfahrt von Haus zu Haus gingen, dann hatte Reider eine kindliche Freude und Zufriedenheit, wenn er

sah, wie er durch sein Werk Weihnachtsfreude in die Herzen anderer bringen konnte.

Zur alten Garde gehört auch *Josef Pfeifhofer* (1899–1973) in Moos. Als Ausgleich zur harten Arbeit als Bergbauer begeisterten ihn Krippenbau und Krippenschnitzerei, worin er sich mit Erfolg bewährte. Er arbeitete ohne jede Schulung, nur aus sich heraus. Mehrere Krippenberge und viele Figuren brachten Weihnachtsfreude in die Familien.

Der vor einigen Jahren verstorbene *Rudolf Lanzinger* (1913–1989) war akad. Bildhauer und Maler. Sein Leben war bis nach dem Zweiten Weltkrieg von einem harten Schicksal gezeichnet, das ihn so vorteilhaft geformt hat. Er kam blind zur Welt. Mit sieben Jahren wurde er während eines heftigen Gewitters wie durch ein Wunder sehend. Sein Stiefvater war bei der italienischen Eisenbahn bedienstet, und da er in der faschistischen Zeit seinen Namen nicht ändern wollte, wurde er nach Alt-Italien versetzt. So besuchte Rudolf die Volksschule in Piemont. Dann kam er an die Schnitzschule in Sarns. Die Akademie in München durfte er nur als außerordentlicher Hörer besuchen, da ihm die vorgeschriebenen Studientitel fehlten. Aber aufgrund seiner besonderen künstlerischen Leistungen wurde er bald voll anerkannt. Nach der unseligen Option 1939 wanderte er ins Allgäu. Während eines dreitägigen Soldatenurlaubs heiratete er Anna Leitner, eine Innichnerin. Am nächsten Tag ging es ab an die russische Front. In München hatte er auch Beziehungen zur Widerstandsgruppe „Weiße Rose", zu den Geschwistern Scholl. Im Laufe des Krieges übersiedelte seine Frau nach Murnau, wo er dann zeit seines Lebens geblieben ist.

Als Künstler war Lanzinger ein ungemein fruchtbarer, begabter und vielseitiger Mann. Er schnitzte, malte, arbeitete mit Ton, machte kolorierte Holzschnitte und Sgraffitos. Alles, was er anfaßte, gelang ihm in vollendeter Weise.

Als Mensch war Rudolf bescheiden, gütig, zufrieden, jeder Geschäftemacherei abhold. Die Leute mit seinen Arbeiten zufriedenzustellen und Freude zu bereiten, waren seine Ideale.

Wie konnte ein so guter Mann nicht auch begeisterter, aktiver Krippenfreund sein!

Es gab wohl noch manchen stillen Krippenfreund in Sexten, der mit seiner Aktivität nicht öffentlich in Erscheinung getreten ist.

Mit Ausnahme des Akademikers Rudolf Lanzinger waren vorgenannte Schnitzer, Maler, Erbauer von Krippenbergen Volkskünstler, Männer, deren Namen keine Kunstge-schichte nennt, solche, die ohne jede Vorbildung, bestenfalls noch einen kurzen Unterricht bei einem gleichfalls ungelern-ten Meister, ihre künstlerische Begabung der Krippenarbeit widmeten. Die Volkskunst hält auf Namenregister nicht viel. Es waren Menschen, die Herz und Gemüt und eine geschickte Hand hatten, bauten und malten und schnitzten und ihre ganze Weihnachtsinnigkeit in die Krippe legten und zufrieden waren, wenn sie Weihnachtsfreude in viele Herzen tragen konnten, mochte dabei auch ihr Name unbekannt bleiben.

Ihre Saat ist aber aufgegangen in der jüngeren Generation, wie ein Teil der nachfolgend gezeigten Krippen und Figuren beweist.

Benützte Literatur

Beiträge aus älteren und neueren „Krippenfreunden",
„Osttiroler Heimatblättern" und „Die Weihnachtskrippe",
XXXIV. Jahrbuch
Hermann Mang: Unsere Weihnacht, 1927
P. Simon Reider: Krippenkunst und Krippenliebe
Erich Egg – Herlinde Menardi: Das Tiroler Krippenbuch, 1985

Dank der Verfasser

Die Verfasser danken allen Krippenbesitzern für die zweckdienlichen Mitteilungen
und die Unterstützung beim Herstellen der Aufnahmen.

Ein besonderer Dank gebührt Frau Margarete Andergassen-Graf, Geschäftsführerin des Verbandes der Krippenfreunde Südtirols.
Mit Begeisterung hat sie die Idee eines Sextener Krippenbuches aufgenommen,
mit großem Einsatz die Vorbereitungen für die Publikation geleitet und keine Mühe gescheut, damit das Buch die passende Gestalt erhalte.

Bildnachweis

Adolf Fuchs: 9, 10, 11, 12, 15, 16, 17, 18, 19, 20, 28, 31, 32, 35, 37, 38, 39, 40, 41, 42, 43, 44, 45, 46, 47, 48, 51, 52, 53, 54, 55, 56, 57, 58, 59, 60, 61, 62, 63, 64, 65, 66, 67, 72, 73, 74, 75, 76, 78, 79, 80, 83, 86, 90, 91, 92, 95, 96, 97, 98, 99, 100

Josef Kiniger: Umschlagbild, 1, 2, 3, 4, 5, 6, 7, 8, 13, 14, 21, 22, 23, 24, 25, 26, 27, 29, 30, 33, 34, 36, 49, 50, 68, 69, 70, 71, 81, 82, 84, 85, 87, 88, 89, 93, 94

Nachwort

Dieser Bildband soll nur einen Einblick in die reichhaltige Krippenlandschaft und in das heimische Krippenschaffen in Sexten geben. Der ganze Bereich ist zu umfassend, als daß er in diesem Rahmen erschöpfend und vollständig dargestellt werden könnte.

Die Weihnachtskrippe zeigt uns, wie Gott die Hirten und die Weisen aus dem Morgenland durch seine Offenbarung zum Glauben an den Messias geführt hat. Der tiefste Sinn unseres Krippenapostolats ist es, diesen Glauben in den stillen Betrachtern des Weihnachtsgeschehens zu wecken und zu vertiefen. Der Krippenfreund Konrad Adenauer hat immer wieder nachdrücklich darauf hingewiesen, daß eine echte Weihnachtsfreude in der Familie ohne Weihnachtskrippe nicht möglich sei.

Immer wieder werden neue Krippen angefertigt, obwohl es so viele schöne alte gibt. Die Menschwerdung unseres Herrn ist eine geschichtliche Begebenheit, die an einem bestimmten Ort und zu einem bestimmten Zeitpunkt geschehen ist. Liebe macht erfinderisch. Deswegen sind auch der Phantasie der Krippenschaffenden keine Grenzen gesetzt. Der eine bevorzugt die orientalische Krippenform, für den anderen ereignet sich das Wunder der Geburt des Herrn in der Heimat. Der eine beschränkt sich auf das Wesentliche des biblischen Weihnachtsberichts, der andere stellt Geschichte und Gegenwart nebeneinander. Der eine reduziert die Weihnachtsgeschichte auf ihren Kern, auf das, was nach dem Bericht des Evangeliums unbedingt dazugehört. Jede Ausschmückung und Bereicherung wird vermieden. Der andere zeigt neben den biblischen Gestalten allerlei Szenen aus dem Volksleben und stellt die verschiedensten Berufe dar. Man spürt, hier ist wirklich religiöse Volkskunst lebendig. Die Krippe ist Ausdruck der Volksfrömmigkeit.

Bischof Dr. Klaus Küng hat einmal in einer Predigt gesagt: „Sich mit der Krippe beschäftigen ist etwas Trostvolles, etwas Friedenspendendes, etwas Ermutigendes. Gloria et pax! Freude und Friede möge Ihnen allen zuteil werden, wenn Sie sich mit Ihren Krippen beschäftigen und sich an ihnen erfreuen."

Das wünschen auch wir allen, die an diesem Buch ein bißchen Gefallen finden.

Kurzbeschreibung der vorgestellten Krippen

Ohne Abbildung

Die große *Stabinger-Krippe* beim „Mondschein" war früher ein Begriff, weit über Sexten hinaus. Es war ein Genuß, den interessanten Erzählungen des Krippenvaters zu lauschen.

Auszüge aus zwei, bald nach dem Ersten Weltkrieg erschienenen Zeitungsartikeln charakterisieren das Meisterwerk wohl am besten: „Unser weitum bekannter Krippenkünstler Anton Stabinger, Mondscheinwirt, arbeitet seit Kriegsende an einer neuen möglichst naturgetreuen Krippe, wie ihresgleichen in ganz Südtirol wohl keine ist ... Das ist nicht etwa das Erstlingswerk Stabingers ... Für sich selbst hatte Stabinger gleich nach Rückkehr von einer Jerusalempilgerfahrt im Jahr 1906 eine naturgetreue Krippe erbaut, die allgemein angestaunt wurde. Den Hintergrund hiezu hatte Maler Hans Rabensteiner aus Klausen in künstlerischer Weise ausgeführt. Leider ist diese schöne Krippe dem Krieg zum Opfer gefallen; sie ist am 12. August 1915 mit dem Haus verbrannt. Nur die herrlichen Figuren, lauter gediegene Meisterstücke von Gwercher in Medraz, waren gerettet worden ... Die Kunde vom Unglück hat Stabinger vielleicht schmerzlicher getroffen als die Nachricht, daß von seinem ganzen Besitz nur mehr eine Ruine übriggeblieben sei ... Doch der Mann mit dem religiösen Herzen und dem heute um so seltener gewordenen idealen Sinn verlor darob weder Mut noch Schaffenslust ... Und in der Tat wurde schon bei der Anfertigung des Planes für das neue Haus darauf Rücksicht genommen: Das schönste Erkerzimmer im ersten Stock ist heute Krippenzimmer ... Noch vor der Inangriffnahme des Hausbaues hatte Stabinger mit der Sammlung notwendiger Materialien für die Krippe begonnen ... Die neue Krippe stand Stabinger von allem Anfang an lebhaft vor Augen. Darum konnte er auch schon damals alle durch die geplante Vergrößerung notwendig gewordenen Figuren bestellen. Der bekannte Bildhauer Seisl in Wörgl hat sich dieses Auftrags glänzend entledigt. Noch selbst Flüchtling im fremden Heim, gings in den Wintern 1919/20/21 an die Herstellung der Häuser und Kirchen von Bethlehem und des Hirtendörfleins Veit Sahur. Nach dem Einzug in das wiederaufgebaute eigene Wohnhaus 1921 wurde mit der Aufstellung des eigentlichen Krippenberges begonnen ... Der neue Hintergrund, ein Ölgemälde auf Mauer, wurde nach Stabingers Skizze von Maler Kurz aus Innichen sehr naturgetreu wiedergegeben. Die Krippe umfaßt die Darstellung der Gegend von Jerusalem über den Sultanteich, die Gefilde Refraim zur Zisterne der Heiligen Drei Könige, das Mar. Eliaskloster, dann senkt sich die Straße hinaus gegen das Grab der Rachel, von dort steigt sie nach Bethlehem an. Auf der Geburtshöhle ist die von der Kaiserin Helena erbaute Kirche mit ihren Nebenklöstern äußerst naturgetreu plastisch dargestellt. Ebenso erscheint die Geburtsgrotte sehr genau wiedergegeben. Von der Geburtshöhle führt der Weg an Wachtürmen und abseits des Hauses des hl. Josef vorbei gegen die Verkündigungshöhle. Von dort geht's zum Marienbrunnen und in das Dorf der Hirten. Anschließend zaubert der Hintergrund die ausgedehnten Weideplätze Salomons mit dem Garten von Boz, wo Ruth Ähren sammelte. Weit hinter Bethlehem sind die Teiche Salomons ersichtlich, rechts von der Stadt die alte Bischofsresidenz Veit Diala und noch ein Stück Jordanwüste gegen das Tote Meer ... Der Beschauer fühlt sich wahrhaft förmlich in das Heilige Land entrückt."

Diese schönste Krippe kann gegenwärtig nicht besichtigt werden. Bei der Umgestaltung des Hauses wurde sie zerschnitten und ausgebaut und im Keller eingelagert.

Zu Abbildung 1

Das ist bereits die dritte Kirchenkrippe in der Filialkirche St. Josef in Moos.

Im Dezember 1989 baute der bedächtige Bildhauer *Georg Lanzinger* eine orientalische Stallruine (125×80×80 cm) für die Kirche in Moos.

Die recht guten Figuren stammen von der alten Tschurtschenthaler-Krippe, soweit sie noch vorhanden waren. Heilige Familie, Hirten und Könige fand man in der Kirche. Der Aufsatz mit den musizierenden Engeln wird zu Kramer verwahrt. Die Engel vor der Krippe konnten nicht mehr gefunden werden.

Die vorhergehende Krippe (Berg, Hintergrund und Figuren) wurde vom genialen *Josef Tschurtschenthaler* nach dem Ersten Weltkrieg für die Kirche in Moos gebaut. Sie wurde bis Ende der fünfziger Jahre an der linken Kirchenseite aufgestellt. Der Berg wurde langsam defekt. Einige Jahre wurde nur noch der Mittelteil, von Tannenzweigen umgeben, aufgebaut.

Sehr interessant muß die erste, sehr große Kirchenkrippe in Moos gewesen sein. Sie ist im Ersten Weltkrieg durch Brand vernichtet worden, nur ein Schwarzweißfoto ist erhalten geblieben.

Pater Simon Reider schreibt im Abschnitt „Untergegangene Krippen" darüber: „Es ist die Krippe mit 25 cm hohen gekleideten Wachsfiguren in der St.-Josef-Kirche in Moos (Sextental). Darstellungen waren drei: Vor einem Gasthaus stand der Wirt mit weißer Schürze und lud zum Eintritt ein. Da gab es Handwerker, Sammelpater und viel, viel anderes. Jung und alt aus nah und fern freute sich über diese Krippe, und ich glaube, dort habe ich mir einen Teil meiner Krippenliebe geholt."

Zu den Abbildungen 2 und 3

Die heutige Kirchenkrippe von Sexten-St. Veit ist eine künstlerisch wertvolle Bretterkrippe, bestimmt für den Hochaltar in der Pfarrkirche, anstelle des Altarbildes, das herausgenommen wird.

Entworfen hat diese Krippe kein geringerer als der große Meister und Künstler *Albert Stolz* (1875–1947). Eine hübsche Aquarellskizze dazu wird im Widum von Sexten verwahrt.

Ausgeführt hat diese Krippe unter Anleitung des Vaters sein begabter *Sohn Siegfried* im Herbst 1937 im Widum in Sexten. Er war auf dem besten Weg, ein würdiger Nachfolger seines Vaters zu werden. Diese Krippe war seine letzte größere Arbeit, denn kurz vor Weihnachten 1937 fiel der hochbegabte Sohn, der die Überlieferung der Malerfamilie Stolz weitertragen sollte, einer Lawine am Pordoijoch zum Opfer.

Zwei Darstellungen, die Anbetung der Hirten und die Huldigung der Könige, hat er meisterhaft mit nur einer Farbe überaus plastisch und eindrucksvoll gemalt.

1955 wurde die Krippe durch eine dritte Darstellung, Mariä Verkündigung, ergänzt. In gelungener Anpassung und Nachempfindung der anderen Szenen hat diese, gleich in Technik, Farbe und Wirkung, *Gretl Stolz* (geb. 1925) gemalt, Tochter des großen, besonders in Sexten unvergessenen Meisters Rudolf Stolz, der, nachdem im Zweiten Weltkrieg auf Bozen Bomben gefallen waren, hier eine zweite Heimat gefunden hatte.

Zu Abbildung 4

Wann und wo in Sexten die erste Krippe aufgestellt worden ist, liegt ganz im dunkeln. Die heute älteste Krippe befindet sich zu Villgrater am Ort. Es ist eine kleine Kastenkrippe hinter Glas in den Maßen 30×25×8 cm mit einem geschnitzten Barockaufsatz. Sie dürfte um 1750 entstanden sein. Ähnliche flache Krippenkästchen verfertigte im vorigen Jahrhundert der Pfarrer Franz Xaver Niederwanger (1835–1917), ein gebürtiger Pfalzner.

Die Rückseite des Kästchens zu Villgrater trägt einen alten Vermerk: „Diese Krippe Jesu und deren Kirchen nach dem wahren Abriß zu Bethlehem in dem hl. Lande von einem Pater Franziskaner Albuin, der alldort gewesen, verfertigt und zusammengerichtet."

Dazu schrieb Pater Simon Reider: „Dieser Pater Albuin ist wahrscheinlich *P. Albuin Wahl* gewesen, der am 24. April 1786, 74 Jahre alt, in Ehingen an der Donau gestorben ist. Er war einige Jahre im Heiligen Land und war ein Mann der Wissenschaft und Frömmigkeit."

16. März 1929 P. Simon Reider, OFM

In dem Kästchen befinden sich ca. fünfzig handgemalte Papierfigürchen und Tiere. Hauptdarstellung ist die Anbetung der Engel.

Zu den Abbildungen 5 bis 7

Diese sehr schöne Weihnachtskrippe ist leider ganz unbekannt, weil sie wegen Platzmangels nie aufgestellt werden konnte.

Der Berg, eine orientalische Kastenkrippe, stammt vom Krippenvater des Pustertales und vielleicht radikalsten Orientalisten unter den Krippenfreunden, vom Mondscheinwirt *Anton Stabinger* in Sexten. Er konnte seinen Krippen den richtigen orientalischen Charakter geben, weil er das Heilige Land und insbesondere Bethlehem mit eigenen Augen schauen und dort mit Andacht beten durfte.

Unbekannt ist, wer in gekonnter Weise mit zarten Farben den sach- und fachgerechten Hintergrund malte, der nahtlos vom Berg auf die Wände des Kastens übergeht. In viele seiner Krippen hat Stabinger das Grab der Rachel am Weg von Jerusalem nach Bethlehem hineingebaut. Bei dieser Krippe ist es an der linken Seite im Hintergrund gemalt.

Die Krippe bekommt erst ihren vollen Wert, sobald sie mit entsprechenden Figuren belebt ist. Hier stammt alles, Figuren und Tiere, von Alfons Brugger. Die Figuren zeichnen sich aus durch besondere Feinheit in der Ausführung, in Haltung und Kleidung. Die Könige heben sich durch Pracht und Vornehmheit vor ihren Dienern und den Hirten hervor.

Diese Krippe ist im Besitz von Josef Summerer, Dolomitenstraße 26. Sein Vater hat sie während des Zweiten Weltkrieges von Veit Innerkofler, Außerhäusler, zum Preis von 6000 Lire erstanden.

Zu Abbildung 8

Diese zweifellos alte orientalische Kastenkrippe, Tuchberg mit zwei Städten in den Ecken und einer überdachten Grotte in der Mitte, befindet sich im Metzgerhof, Dolomitenstraße 8, in Sexten.

Der Krippenbauer ist unbekannt. Wahrscheinlich entstand die Krippe Ende des 18. Jahrhunderts in Innichen.

Bemerkenswert sind die zweiundzwanzig Papierfiguren und elf Tiere, alles handgemalt, angeblich vom letzten Einsiedler im Wildbad Innichen, *Bruder Bruno Finatzer*, gestorben 1796.

Die Krippe samt Figuren ist 1937 von Innichen („Schmied-Joggile") nach Sexten gekommen. Sie wurde gegen eine Krippe von Franz Summerer, Pfeifer, ausgetauscht. Eine Tochter vom Metzgerhof, Maria, heiratete zum „Schmied-Joggile" nach Innichen.

Zu den Abbildungen 9 bis 12

Die Familie Brugger in Moos besitzt eine schöne volkstümliche Tiroler Hauskrippe von Johann Reider aus den dreißiger Jahren.

Die sehr schönen holzgeschnitzten Barockfiguren passen in diese Krippe nicht recht hinein. Sie sind von einer Lebendigkeit und Natürlichkeit, daß man sagen muß, ihr Schöpfer war ein großer Künstler. Der Kunstkenner Dr. Josef Ringler schreibt die Figuren *Johann Fasching dem Jüngeren* (1764–1848) zu. Die Künstlerfamilie Fasching hatte ihre Werkstatt in Innichen bei „Bildhauer". Diesem Fasching wird auch die engelreiche Anbetung der Heiligen Drei Könige aus der Stemberger-Krippe in Sexten zugeschrieben. Über den Verbleib dieser Figuren ist nichts bekannt.

Die wertvollen Figuren in Moos hätten angeblich die Vorfahren der heutigen Brugger für eine alte Schuld übernehmen müssen.

Mehrere Darstellungen sind vorhanden: Verkündigung, Anbetung der Hirten, Beschneidung, Huldigung der Könige, Darstellung Jesu im Tempel.

Es war ein Glück, daß man beim Auswandern während des Ersten Weltkrieges die kostbaren Figuren mitgenommen hat.

Zu Abbildung 13

Als *Josef Tschurtschenthaler*, der bekannte „Herrgottsschnitzer" – er hat über 1000 Kruzifixe und Christusköpfe für die Alte und Neue Welt gemacht –, ein Geschenk für Pfarrer Michael Kiniger anfertigen sollte, hatte er eine großartige Idee.

Er baute natur- und maßstabgetreu ein Modell der Sextner Pfarrkirche (Größe: 77×40×94 cm). An der Rückseite (Nordseite der Kirche) ist hinter Glas eine Weihnachts- bzw. Fastenkrippe untergebracht. Die Krippen sind je 12 cm tief (halbe Breite der Kirche) und zu beiden Seiten einer gemeinsamen Mittelwand angebracht. Um zu wechseln, nimmt man sie heraus und schiebt sie umgekehrt wieder hinein.

Das originelle Werk wurde viele Jahre hindurch im Pfarrhaus von Sexten bewundert. Vor seinem Ableben schenkte Pfarrer Kiniger diese Kirche seiner in Sexten verheirateten Schwester Aloisia, und so befindet sich heute das Kunstwerk im Besitz der Familie Josef Rogger, Unterdorf.

Josef Tschurtschenthaler ist leider als echter Volkskünstler immer zuwenig gewürdigt worden.

Zu Abbildung 14

Diese ist die ältere der zwei Kastenkrippen der Familie Tschurtschenthaler zu „Niggler" in Moos.

Der Nachbar *Josef Tschurtschenthaler*, Kramer, baute gegen Ende der zwanziger Jahre diese nicht große (100×60×60 cm), aber gerade durch Schlichtheit und Einfachheit beeindruckende orientalische Krippe. Die liebliche, sanfte Berglandschaft im Hintergrund verrät wieder die sichere Pinselführung Tschurtschenthalers.

Die holzgeschnitzten bemalten Figuren (ca. 20) stammen etwa zur Hälfte von Johann Reider, Getter, und Josef Tschurtschenthaler, der auch die Schafe geschnitzt hat.

Diese Krippe wird abwechselnd mit der größeren Tiroler Krippe von *Johann Reider* aufgestellt, ein Jahr die eine, ein Jahr die andere.

Eine solch kleine Krippe kann recht gut zur Bereicherung, zur Freude, zur Vertiefung und zur Meditation des Weihnachtsgeheimnisses beitragen.

Zu den Abbildungen 15 bis 20

„Zum Golser Fuchs gehen Krippe schauen", war schon vor dem Zweiten Weltkrieg ein Begriff. Die große realistische Naturkrippe hat einen Ehrenplatz in der Bauernstube. Der Bauer *Josef Fuchs* hat hier Mitte der dreißiger Jahre in seiner Wesenseigenart das Geheimnis der Menschwerdung Gottes feinsinnig erfaßt und zum Ausdruck gebracht. In einer Höhle unter dem herrschaftlichen Schloß vollzieht sich das tiefste Mysterium des Christentums, das Wunder der Heiligen Nacht.

Den Hintergrund, die Sextner Berge, malte *Josef Tschurtschenthaler*, Kramer in Moos.

Leben bringen aber erst die Figuren in die Krippe. Josef Fuchs, ein Mensch mit Herz und Gemüt und einer geschickten Hand, war einer der ersten, der seine Krippe mit gekleideten Figuren nach Art von Prälat Lechner bevölkerte. Mit bewundernswerter Geduld und großer Vollkommenheit gruppierte er seine Bachlechner-Typen. Diese Krippe strahlt weihnachtlichen Erlöserfrieden aus.

Zu den Abbildungen 21 und 22

Eine beachtenswerte orientalische Krippe in einer Holzzarge mit Rückwand befindet sich im Besitz der Familie Johann Holzer, Kaufmann in Sexten-St. Veit. Diese schon bald historische Volkskrippe kam 1923 nach Sexten. Johann Holzer sen. verzichtete damals auf eine Hochzeitsreise und erwarb dafür diese schöne Laienkrippe, die so zu einem Familienstück geworden ist.

Diesen wohlproportionierten Berg schuf wahrscheinlich der Krippenbauer *Johann Braunhofer* (1886–1940), der „Stackl-Hans" von Mareit im oberen Eisacktal. Sicher stammen von ihm die Figuren. Braunhofer litt an der „englischen Krankheit", und dies führte zur Verkrüppelung seiner Hände. Der damalige Kooperator von Mareit, Michael Kiniger, erkannte sein Talent und schenkte ihm zwei Garnituren Schnitzmesser. So entwickelte Hans seine Fähigkeiten und wurde ein Volkskünstler und Meister des Krippenbaues.

Zu dieser Krippe schnitzte er mit viel Geduld und Liebe nicht nur die notwendigen Figuren, sondern mehrere Darstellungen: Anbetung der Hirten, Kindermord, Huldigung der Könige, Flucht nach Ägypten.

Weil der Originalhintergrund schadhaft geworden war, wurde er später von *Josef Tschurtschenthaler* übermalt.

Zu den Abbildungen 23 bis 26

Die Idee zu dieser Tiroler Heimatkrippe stammt von Josef Kiniger. Er war selbst Soldat im Zweiten Weltkrieg und an der Front im Einsatz.

Soldaten haben auch Weihnachten gefeiert, und Weihnachten im Feld hat viel tiefgreifendere Erinnerungen hinterlassen als das heutige Wohlstandsfest. Wenn z. B. an einem Abschnitt der Ostfront der Russe am Heiligen Abend die Platte mit dem deutschen „Stille Nacht" über die Stellungen ausstrahlte, so hat das den rauhesten Krieger weichgemacht, und gar manchem standen die Tränen in den Augen. Solche Eindrücke haben selbst die vielen dazwischenliegenden Jahre nicht auszulöschen vermocht.

Diese Krippe zeigt Soldatenweihnacht im Ersten Weltkrieg an der Dolomitenfront in Sexten.

Der Berg ist eine ausgezeichnete Arbeit unseres bewährten Krippenbauers *Adolf Fuchs*, Golser (1988). Bewußt wählte er die Form der Eckkrippe, um möglichst große Tiefe zu erzielen.

Das Weihnachtsgeschehen ist in die Waldkapelle verlegt. Das war die erste, 1917 in der Holzer-Schlucht errichtete Notkirche. Sexten war unmittelbares Frontgebiet, und das Dorf samt Kirche ist beschossen worden und in Flammen aufgegangen (Hintergrund). Auf der rechten Seite sind die typischen Bergstellungen und Unterstände vom Ersten Weltkrieg ganz naturgetreu nachgebaut.

Der Hintergrund (Helmgebirge, das brennende Sexten, die Sextner Dolomiten) ist ein stimmungsvolles, beeindruckendes Gemälde des vielseitigen *Gerog Lanzinger*.

Seine Meisterschaft zeigte Lanzinger auch bei den Figuren. In der Muttergottes erkennt man sofort die Madonna von Stalingrad. Rings herum die braven Standschützen, die bewußt und aufopferungsvoll im wahrsten Sinn des Wortes die Heimat verteidigt haben. Alle Typen sind vertreten, der Älteste und der Jüngste, der Verwundete, der Bergführer. Sogar Kaiser Karl mit einem Ordonnanzoffizier kommt zur Krippe des Herrn. Die Figuren leben, zeigen Bewegung und Ausdruck und verraten künstlerische Begabung.

Zu den Abbildungen 27 und 28

Diese kleine orientalische Kastenkrippe (50×30×45 cm) hinter Glas hat *Alfons Brugger* um 1930 mit besonderer Liebe für seine Familie geschaffen. Alles an dieser schönen Hauskrippe, wie Berg, Hintergrund und Figuren, stammt aus der kunstfertigen Hand Bruggers.

Im Mittelpunkt jeder Weihnachtskrippe steht die Feier der Menschwerdung des Gottessohnes. Darum auch hier im Vordergrund die Geburtshöhle und die größten Figuren (ca. 8 cm) und Tiere. Darüber drei

Verkündigungsengel aus einem Stück geschnitzt. Mit der Entfernung werden die Figuren und Tiere kleiner, die kleinsten Schafe kaum ½ cm groß. Man muß schon gut schauen, um auf gewisse Szenen aufmerksam zu werden, z. B auf dem Dach des Stadttores schleicht eine Katze einen Vogel an, ein enttäuschter Fuchs schaut dem zu früh aufgeflogenen Vogel nach, ein Dachs späht vorsichtig aus seiner Höhle. Man merkt hier den genau beobachtenden Jäger.

Zu den Abbildungen 29 und 30

Diese volkstümliche Krippe paßt recht gut in die heimelige Stubenecke des Ladstätterhofes. *Josef Fuchs*, Gols, baute diese Eckkrippe Mitte der dreißiger Jahre. Ein gewisses Merkmal seiner Krippenberge ist wiederum links ein fürstliches Schloß im Gegensatz zur armseligen, kalten Felsgrotte mit der Hauptszene.
Im Hintergrund entdeckt man unverwechselbar die Pinselführung *Tschurtschenthalers*.
Die Figuren sind nicht einheitlich, teils stammen sie von *Josef Pfeifhofer*, teils von *Alfons Brugger*.
Wie jede Krippe, so bringt auch diese das Geheimnis der Menschwerdung des Gottessohnes feinsinnig zum Ausdruck.

Zu den Abbildungen 31 und 32

Eine recht beliebte Krippenform ist unter anderen auch die sogenannte „Stockkrippe". Die Geburtshöhle ist hier aus einem urigen Stück Baumstrunk herausgearbeitet; in der Unterlage erkennt man den Umfang des Baumes. Auch in dieser Form ist der nach allen Richtungen tätige *Georg Lanzinger* Meister seines Faches. Das beweist diese sehr schöne Krippe aus dem Jahr 1979. Das Wesentliche zu einer Weihnachtskrippe ist da. Die sehr sorgfältig und sauber gearbeiteten Figuren sind hier naturbelassen am wirkungsvollsten. Die geschlossene Komposition und Konzentratiōn auf die Geburt Christi bilden hier eine Einheit.

Zu den Abbildungen 33 bis 36

Diese schöne Hauskrippe mit vielen interessanten Einzelheiten, die man erst bei genauerem Hinsehen nach und nach entdeckt, ist in einen besonders geformten Krippenkasten hineingebaut, darunter eine Schublade für die Figuren.
Den Berg und die schmucken Tiroler Häuser erstellte der Besitzer *Franz Mair sen.* (1888–1963) in den Vorkriegsjahren 1938/39 in Zusammenarbeit mit *Anton Stabinger* (1867–1942), der sich zwar nicht für Tiroler Krippen begeistern konnte.
Die Hintergrundmalerei zeigt erkennbare Täler und Orte sowie die heimatlichen Berge. An einem Sonntagnachmittag hat *Josef Tschurtschenthaler* das alles aus dem Gedächtnis in kurzer Zeit hingezaubert.
Die zahlreichen kleinen Figuren sind nicht einheitlich, drei Typen kann man unterscheiden. Von den zwei älteren ist nichts Näheres bekannt. Neben den biblischen Gestalten werden allerlei Szenen aus dem Volksleben gezeigt. Die heimischen Vertreter aus dem Volk in der Tracht der Zeit stammen größtenteils vom Hintergrundmaler *Josef Tschurtschenthaler* (z. B. der Kreuzgang oder die Stammgäste vor dem Wirtshaus). Die biblische Geschichte wird hier in die Gegenwart einbezogen.

Zu den Abbildungen 37 bis 40

Der Bildhauer und Holzschneider *Rudolf Lanzinger* (1913–1989) war ein überaus liebenswürdiger, bescheidener und sehr vielseitiger Künstler. Der 75jährige Weg Rudolf Lanzingers verlief mehr auf der Schattenseite des Lebens. Dies mag auch der Grund gewesen sein, daß er immer einsamer und verschlossener geworden war, bis er schließlich infolge eines Herzinfarkts in aller Stille am 14. März 1989 von uns gegangen ist. Sein bildnerisches Hauptanliegen war die sakrale Kunst.
Aus der großen Zahl seiner Werke eine Auswahl zu treffen ist schwer. Hier seien Ausschnitte aus einem drei Meter langen Weihnachtsfries gezeigt, der sich im Besitz der Familie Josef Reider, Moos, befindet. Reider ist ein verständnisvoller Förderer der Kunst Lanzingers.
Dieser etwa 30 cm breite figürliche Zierstreifen beginnt mit der Verkündigung Mariens und endet mit der Flucht nach Ägypten. In seinem Krippenschaffen hat sich Rudolf nicht der abstrakten Arbeit verschrieben, sondern liefert Werke in konservativer Weise, womit er beweist, daß

sich Krippenkunst nicht unbedingt mit modernen Formen auseinandersetzen muß. Die naturnahe Einfachheit der Gestalten, die Sparsamkeit der Gesten, die Schlankheit der Figuren sind Zeugnis seines hohen Könnens.

Zu den Abbildungen 41 bis 43

Diese recht originelle Weihnachtsdarstellung hat Markus Gatterer vom Meister *Georg Lanzinger* erworben (1988).
Das Ganze ist auf einer großen Baumscheibe aufgebaut. Solche typische Häuser mit Querverbindung stehen heute noch im alten Ortsteil von Obertilliach. Dorther stammte ja Lanzingers Großmutter.
Sehr gut auch die Figuren, echte alte Tiroler Typen. Lanzinger hat sich hier ganz in die Seele des Volkes hineingelebt und das Alltagsgeschehen in die religiöse Gedankenwelt hineingetragen. Köstlich die Szene, wie der Alte vom Balkon aus die schwätzenden Bäuerinnen belauscht.

Zu den Abbildungen 44 bis 46

Diese beachtliche orientalische Kastenkrippe (180×115×75 cm) bei Summerer am Ort ist ein gut gelungenes Frühwerk (um 1925) des begeisterten und begabten Krippenbauers und Schnitzlers *Franz Summerer*, Pfeifer, von Beruf Bauer. Das sind Ergebnisse idealer, tiefgläubiger Freizeitbeschäftigung. Man spürt, hier ist wirklich religiöse Volkskunst lebendig.
Der Hintergrund stammt von *Pater Magnus*, der im Kloster Innichen tätig war.
Bei den meisten größeren orientalischen Krippenbergen kann man drei Hauptteile unterscheiden: Höhle oder Grotte, Stadt Bethlehem und Hirtenfeld. Schon in der Heiligen Schrift ist diese Dreiteilung begründet.
Genau das finden wir auch in dieser Krippe. Ganz deutlich merkt man im Aufbau des Berges den Einfluß des großen Sextner Krippenvaters Anton Stabinger.
An den zahlreichen Tieren (ca. 100) und formschönen Figuren (ca. 75) haben auch die Brüder Franz Summerers mitgearbeitet. Als eindrucksvolle Laienarbeit muß man auch die zur Krippe gehörende Gloriole bezeichnen.

Zu den Abbildungen 47 und 48

Sehr schön ist der Aufbau der Krippe zu Hösler, als wäre das Wunder der Heiligen Nacht in einem Tiroler Dorf geschehen.
Der Jungbauer *Georg Fuchs* hat mit viel Begeisterung und Liebe den Berg und die schönen, naturgetreuen Häuser gebaut, eine wahrlich eindrucksvolle Laienkrippe (1986).
Zur Krippe gehören an die fünfzig Tiere und etwa 120 formschöne Figuren in verschiedenen Darstellungen: Verkündigung, Anbetung der Hirten, Königszug, Beschneidung, Anbetung der Könige, Flucht nach Ägypten. Die Figuren stammen von zwei unbekannten alten Meistern. Die glänzend bemalten Figuren sind die älteren, matt sind die jüngeren. Eine besonders schöne, harmonische Gruppe sind die vier Jahreszeiten. Vermutlich hat die Figuren der Urgroßvater Georgs von „Lanzinger" in Moos mitgebracht.

Zu den Abbildungen 49 und 50

Den Berg zu dieser orientalischen Krippe (145×100×75 cm) hat *Josef Pfeifhofer sen.* 1932 in Eigenarbeit erstellt.
Den Hintergrund malte sein Nachbar *Josef Tschurtschenthaler*, Kramer. Einmalig in dieser Krippe sind die etwa dreißig Figuren von *Stefan Plankensteiner* (1900–1958) aus Oberwielenbach. Die Figuren zeigen lebendigen Ausdruck, und ihre zeitgetreuen Kostüme sind geschmackvoll gemalt. Es sind die einzigen Plankensteiner-Figuren in Sexten.
Die Krippe befindet sich noch am Ursprungsort zu Obersanter in Moos. Der heutige Besitzer trägt sich mit dem Gedanken, einen neuen Berg bauen zu lassen, damit die schönen Figuren noch besser zur Geltung kommen sollen.

Zu den Abbildungen 51 bis 63

Das Glanzstück der neueren Sextener Krippen konnte auf der Ausstellung 1989 nicht gezeigt werden. Es ist die Heimatkrippe von *Adolf Fuchs*, Golser. Sie ist in seiner Wohnstube fix eingebaut, nimmt die ganze Länge des Raumes ein (3,85 m) und kann in der außerweihnachtlichen Zeit durch eine mobile Täfelung abgedeckt werden.

In rührender Ausdauer hat Fuchs jahrelang gearbeitet (1986–1989), um *seine* Krippe zu bauen, nachdem er schon an die neunzig meist Tiroler Krippen größeren und kleineren Formats gebaut hatte.

Diese Krippe ist eine echte Tiroler Heimatkrippe, die den sonnseitigen Hang des Sextentales teilweise wiedergibt. Sein Elternhaus ist darin bis ins kleinste Detail maßstabgetreu nachgebaut. Links zieht, bis in alle Einzelheiten vollendet, die mächtige Sextner Pfarrkirche den Blick auf sich. Daneben am Rande des Friedhofs der wuchtige Rundbau mit dem berühmten Totentanz von Rudolf Stolz und darin das Geheimnis der Heiligen Nacht. Weiter rechts ein wuchtiges Schloß und danach eine ganze Reihe alter Sextner Bauernhöfe.

Den stimmungsvollen Hintergrund malte in gekonnter Weise der Autodidakt *Georg Lanzinger*, der sein Können als Krippenbauer und Bildhauer nicht weniger beherrscht. In weichen Farben wird eine fesselnde, heimelige Abendstimmung erzeugt, die von links aus dem Innerfeldtal über die Haunoldgruppe den Blick weit ins obere Pustertal schweifen läßt. Helmgebirge, Sextental und ein Teil der monumentalen Bergsonnenuhr beschließen nach rechts das Rundpanorama. Mit viel Einfühlungsvermögen ist hier alles wohltuend aufeinander abgestimmt.

Leben in die Krippe bringen aber erst die Figuren. Sie zählen wohl zu den besten Arbeiten von *Peter Pfeifhofer*. Der Krippengedanke hat hier die verschiedenartigsten Darstellungen gefunden. Das Weihnachtsgeschehen wird in die Gegenwart getragen. Nur die heiligen Personen sind in klassisch wallenden Gewand dargestellt, alle anderen tragen die Tracht von heute. Humor und Phantasie haben ein buntes Vielerlei von Gestalten aus dem Volksleben eingefügt: der Pfarrer im Gespräch mit der Bäuerin vor der Kirche, die zwei Straßenkehrer am Aufgang zum Totentanz, der Nachtwächter, der Müller, eine Musikantengruppe usw. Das Werktagsleben wird so in die religiöse Gedankenwelt hineingetragen, und die Bauerngestalten rücken recht nahe zum Gotteskind.

Die geschmackvoll bemalten Figuren Pfeifhofers haben einen fast sprechenden Ausdruck und verraten einen guten Blick für Natur und Volksleben. Mit dem Griff zum Schnitzmesser hat Peter Pfeifhofer bestimmt die richtige Wahl getroffen.

Ein krippenbegeisterter Pfarrer war von der Qualität dieser Figuren so fasziniert, daß er sagte: „Wenn es nicht eine so große Sünde wäre, ließe ich ein paar dieser Figuren mitgehen."

Diese einmalige Krippe hat auch volks- und heimatkundlichen Wert. Es sind darin Szenen, Gerätschaften, Berufe, Handwerke festgehalten, die ausgestorben und den Jungen unbekannt sind, z. B. die bäuerliche Hausmühle, die Mühlsteinfabrikation, die Bearbeitung des Flachses am „Brechlloch", die Sextner Harpfen usw.

Für Adolf Fuchs ist diese Krippe noch kein vollendetes, abgeschlossenes Werk. Er hegt noch ganz präzise Ergänzungspläne.

Zu den Abbildungen 64 bis 66

Karl Lanzinger, ein junger Krippenfreund, hatte Glück, als er 1988 in Vierschach gerade zur rechten Zeit daherkam, als man diesen alten Krippenberg hinauswerfen wollte. Freudig übernahm er die Krippe und ließ sie von Georg Lanzinger auffrischen und neu bemalen.

Es handelt sich hier um eine alte orientalische *Stabinger-Krippe* aus der Zeit um 1930, charakteristisch die Säule in der Geburtsgrotte.

Hirtenfeld, Geburtsstätte und Stadt, bestehend aus wenigen flachkuppeligen orientalischen Häusern, die restliche Stadt als Hintergrundmalerei, sind nebeneinander angeordnet.

In den anmutig geschnitzten und liebevoll aufgestellten Figuren (1989) verwirklichte *Georg Lanzinger* seinen eigenständigen Stil.

Zu Abbildung 67

Zu allen Zeiten haben gläubige Menschen versucht, das Weihnachtsgeschehen zu verlebendigen durch die Verlegung der Geburt Christi in die Vorstellungswelt ihrer Heimat.

So ist es auch geschehen bei dieser bäuerlichen Hauskrippe (1990) im Besitz von Peter Lanzinger, Rauter. Wer hinter dieser sauberen Eckkrippe, die vorzüglich in die getäfelte Rauterstube paßt, steckt, ist bald erraten: Es ist die meisterhafte Zusammenarbeit von *Adolf Fuchs*, Golser (Berg), und *Georg Lanzinger* (Hintergrundmalerei).

Die Figuren zu dieser Krippe schuf der junge, begabte Krippenschnitzer *Peter-Paul Fuchs* (Jahrgang 1965). Er hat eine gediegene Ausbildung (St. Jakob i. A., Gröden und Graz) hinter sich und verspricht nun ein anerkannter Krippenkünstler zu werden.

Er versucht, sich von Vorbildern frei zu machen, verwirklicht in seinen Figuren einen eigenständigen Stil. Gewissenhaft modelliert er seine Figuren zuerst aus Ton.

Zu den Abbildungen 68 bis 71

Von den sechs größeren Krippen, die *Johann Reider sen.* gebaut hat, ist sicher seine eigene orientalische Krippe die größte und schönste. Sie entstand in den zwanziger Jahren und war ursprünglich so groß, daß es stimmte, was 1910 bei einer Krippenversammlung betont worden war: „Die Krippe soll wenigstens so groß sein, daß man den Platzmangel in der Stube ein bißchen spürt." Das war bei dieser Krippe der Fall. Leider ist sie später eben wegen Platzmangels mehrmals verkleinert worden.
Den Hintergrund besorgte wieder in gekonnter Weise der Nachbar *Josef Tschurtschenthaler.*
Mit viel Einfühlungsvermögen und Handfertigkeit schnitzte Reider die zahlreichen Figuren alle selbst, besonders prunkvoll den Zug der Könige. Hervorzuheben wäre noch die große Engelschar über der Stallhöhle, die prächtige Gloriole und die ausnahmsweise großen Schafherden. Sein Können erarbeitete sich Reider in Eigenregie. Eine solche Krippe ist bestes Laienapostolat zur Verkündigung des Weihnachtsevangeliums.

Zu Abbildung 72

Georg Lanzinger stellt unauffällig und doch wirkungsvoll seinen Mann. Das hat er wieder bewiesen mit dieser Weihnachtskrippe als Hausaltar (1990). Ohne viel Platz zu beanspruchen, hängt das einfache quadratische Kästchen an der Wand. Geschlossen zeigen die zwei Füllungen der Türchen die Propheten Jesaia und Micha, aufgemalt mit ihren Weihnachtsvorhersagen.
Geöffnet breitet sich die ganze Weihnachtsseligkeit aus, als Relief herausgearbeitet. Im Mittelfeld ist in naturnaher Einfachheit und Innigkeit die Geburt unseres Herrn dargestellt, links musizierende Engel und rechts die Drei Weisen. Die Figuren bestechen durch Ausdrucks- und Aussagekraft und sind Zeugnis für hohes Können. Wohltuend wirken auch die sanften, weichen Farben.

Zu den Abbildungen 73 bis 76

Ein alter Spruch: „Handwerk leidet Not." Oft wird nur für andere gearbeitet, für sich etwas zu machen, reicht die Zeit nicht.

Anders ist das bei unserem sach- und fachkundigen *Georg Lanzinger.* Wie könnte der glühende „Krippeler" Weihnachten ohne Krippe verbringen? So hat er sich bei seiner Hauskrippe auch etwas Besonderes einfallen lassen (1989).
Das Ganze ist eigentlich von außen gesehen ein Möbelstück, ein gefälliges Kästchen (100×100×60 cm) für die Tiroler Bauernstube. Öffnet man die Türchen, auf deren Füllungen innen die Weihnachtsevangelien von Lukas und Matthäus geschrieben sind, so hat man das Wunder der Heiligen Nacht in einer tirolischen Landschaft vor sich: rechts das gewaltige Stadttor, aus dem die Könige hervorreiten; im Hintergrund die reiche Stadt; links in einer Felsengrotte das Kernstück der weihnachtlichen Krippe. Die Figuren sind mit besonderer Sorgfalt gearbeitet. Abweichend von den üblichen Darstellungen, die Gottesmutter halb liegend, eine Parallele zu verschiedenen alten Bildern.
Schaut man zum Stadttor hinein, führt die Stadtgasse in unheimliche Ferne. Besucher schauen immer wieder hinter die Krippe, um zu ergründen, was da angebaut ist, entdecken aber nichts. Die perfekte Täuschung ist ein Kunstgriff mit Spiegeln. Liebe macht erfinderisch, sagt man, und das ist wahr.

Zu Abbildung 77

Diese recht bemerkenswerte orientalische Krippe hat *Johann Außerhofer*, der Taubstumme, um 1930 zu Gattern am Mitterberg gebaut, und dort ist die Krippe heute noch.
Den leeren Kasten hat der alte Gattererbauer vom Summerer am Ort gekauft. Was für eine Krippe da einmal drinnen war, ist unbekannt. Außerhofer war befreundet mit dem Krippenvater Stabinger. Anhand von Bildern hat er die große Stabiner-Krippe sehr sorgfältig und getreu in verkleinertem Maß (130×100×70 cm) nachgebaut. Die erste Ausführung ging durch ein Mißgeschick in Trümmer. Erst der zweite Anlauf gelang perfekt.
Im Hintergrund erkennt man sofort die Hand *Josef Tschurtschenthalers.*
Für die Ausstellung im Haus Sexten 1989 wurde die Krippe restauriert und erhielt zwölf ca. 9 cm große Holzfiguren vom bewährten *Georg Lanzinger*, der sie auch bemalt hat.
Die etwa fünfzig Schafe und Ziegen hat *Josef Happacher*, Kofl, geschnitzt, der sich auf Tiere besonders spezialisiert hat.

Zu den Abbildungen 78 bis 80

Diese recht hübsche kleine Tiroler Krippe nach Bachlechner-Art hat Marianna Egarter von ihrem Onkel, Hochw. Franz Egarter, langjähriger Pfarrer in Milland, nach dessen Ableben bekommen.

Wer den Berg gebaut und den Hintergrund gemalt hat, ist unbekannt. Die schönen Bachlechner-Figuren stammen wahrscheinlich von *Ferdinand Plattner* (1869–1950), Direktor des Priesterhauses in Sarns bei Brixen. Dort errichtete er 1924 eine für Südtirol sehr bedeutungsvolle Krippenbauschule. Im Tiroler Krippenbuch steht über ihn: „Sein Humor wurde ihm im Zweiten Weltkrieg gefährlich. Als er 1943 eine Krippe nur mit Ochs und Esel schuf und erklärte, die Heilige Familie sei geflohen, nur Ochs und Esel (Hitler und Mussolini) seien geblieben, wurde er verhaftet und entging nur mit Glück der Hinrichtung durch den Strang."

Zu den Abbildungen 81 und 82

Diese schöne und verhältnismäßig große Heimatkrippe (250× 250×80 cm) steht alljährlich zu Weihnachten in der heimeligen alten Bauernstube zu Zurscher.

Der Meister des Werkes ist der Bauer selbst, *Adolf Fuchs*, der mit viel Geduld und Liebe und Nachtarbeit diesen Berg geschaffen hat (1959).

Vor dem gebogenen Hintergrund breitet sich das Panorama der Sextner Dolomiten vom Kreuzberg bis zur Schusterspitze aus. Die Berge sind aus dicken Lärchenrinden naturgetreu herausgearbeitet. Eine Besonderheit dieser Krippe ist der Wald zu Füßen der Berglandschaft. Es sind das phantasievoll geschnitzte Einzelbäumchen verschiedener Größe, über 400! Und alles sieht so echt aus.

Bei Hintergrund und Figuren begegnen wir wieder unserem Fachmann *Georg Lanzinger*. Seine Figuren nach Bachlechner-Art sind ein Jugendwerk (1969), Gestalten voll kindlicher Naivität und köstlichem Humor, die den Beschauer besonders ansprechen.

Zu Abbildung 83

Durch die Liebe zur Krippe ist *Maria Kiniger*, Stoner, eine stille Krippenkünstlerin geworden, und zwar in einer ganz eigenen Richtung.

Sie fertigt Figuren aus Sackleinen und kleidet sie recht geschmackvoll nach Tiroler Art. Sie ist besorgt, daß Maße und Proportionen stimmen. Auch die weißen Wollschäfchen in verschiedenen natürlich wirkenden Stellungen sind recht reizvoll. Formschönheit und Ausdruckskraft der Figuren begeistern. Sicher passen solche Figuren nicht in jeden Krippenberg. Ich könnte mir aber als äußeren Rahmen eine knorrige Wurzelkrippe gut vorstellen. So sind auch diese Art Krippenfiguren eine Bereicherung in der verschiedenartigen Darstellung des Weihnachtsgeheimnisses.

Zu den Abbildungen 84 und 85

Diese schöne Tiroler Heimatkrippe ist als Erstlingswerk (1990) des interessierten Krippenfreundes *Heinrich Pfeifhofer*, Waldheim, eine beachtliche Leistung. Begeisterung und Plan, eine eigene Hauskrippe zu bauen, gehen hier eigentlich auf die Krippenausstellung 1989 im Haus Sexten zurück.

Das geeignete Motiv war sofort klar: Die „Palmstadt" und die alte Mühle am Villgraterbachl sollten dargestellt werden. Mit wahrer Krippenbegeisterung hat Heinrich zunächst in emsiger Klein- und Freizeitarbeit die heimatlichen Gebäude der „Palmstadt" bis ins Detail nachgebaut. Damit der Krippenberg nicht zu gewichtig würde, entschied er sich unter Anleitung von Georg Lanzinger für einen Tuchberg, den er sehr gut ausgeführt hat.

Die Hintergrundmalerei zeigt wiederum die künstlerischen Fähigkeiten *Georg Lanzingers*. Dargestellt ist der naturgetreue Hintergrund der „Palmstadt". Hier verblüfft der nahtlose Übergang zum Gemalten. Das Ganze ist eine historisch und topographisch genaue Wiedergabe eines Stückes Heimat.

Die formschönen Figuren stammen aus der Hand des tüchtigen Schnitzers Georg Lanzinger und beleben in glücklicher Gruppierung den Krippenberg.

Zu Abbildung 86

Diese schöne Reliefkrippe, aus einem Stück Zirbelstamm sorgfältig herausgearbeitet, hat 1990 *Rudolf Pfeifhofer* (Jahrgang 1958) für Alois

Villgrater, Metzger, geschaffen. Obwohl Pfeifhofer nie irgendeinen Fachunterricht genossen hat, betätigt er sich mit Erfolg in der Krippenschnitzerei, die bei ihm von Vater und Großvater vererbt ist.

In dieser Krippe ist die Weihnachtsgeschichte auf ihren Kern reduziert, auf das, was nach dem Bericht des Evangeliums unbedingt dazugehört. Für die Hirten ist stellvertretend nur ein Schäfchen zur Krippe gekommen. Jede Ausschmückung und Bereicherung ist vermieden.

Von den heutigen kleinen Wohnungen und vom Praktischen her gesehen, ist das eine ideale Krippenform: braucht nicht viel Platz, alles in einem Stück, bald aufgestellt und schnell weggeräumt. Aber die richtige beseelende Vorfreude, das Krippenaufrichten, Figurenstellen usw. gehen dabei verloren.

Zu Abbildung 87

Dieses recht ansprechende Relief aus Zirbelholz schuf 1990/91 der heimische Holzbildhauer *Josef Tschurtschenthaler*, Niggler in Moos, St.-Josef-Straße 2. Tschurtschenthaler ist in Gröden zum Schnitzer ausgebildet worden.

Dieses Weihnachtsrelief hat er für sich und seine Familie gearbeitet. Hier ist die Weihnachtsgeschichte auf das Wesentliche reduziert, Liebe und Verehrung der Gottesmutter und dem Kinde durch zwei Hirten, Kernstück der weihnachtlichen Krippe. Die Komposition erinnert ein bißchen an Bachlechner, es ist aber keine Kopie. Tschurtschenthaler hat einen durchaus eigenständigen Stil gefunden. Seine Figuren bestechen durch Ausdrucks- und Aussagekraft.

Zu Abbildung 88

Der junge *Albert Tschurtschenthaler*, Kramer in Moos, ein Enkel des weitum bekannten „Herrgottsschnitzers" Josef Tschurtschenthaler, hat 1988 mit diesem Hausaltärchen (70×70×20 cm) überrascht. In aller Stille, vielleicht angeregt durch die Krippenausstellung 1987 in Sexten, ist in ihm die originale Idee herangereift, die Darstellung des Weihnachtsgeheimnisses in die Felder dieses häuslichen Flügelaltärchens zu verlegen.

Die Weihnachtsgeschichte ist hier auf ihren Kern, auf das reduziert, was nach dem Bericht des Evangeliums unbedingt dazugehört.

Schnitzarbeit, Bemalung und Vergoldung, alles Eigenarbeit, eine beachtliche Leistung. Man merkt hier vererbte Begabung.

Zu Abbildung 89

Für die Familie Franz Watschinger, Oberhanser, hat der fachkundige *Georg Lanzinger*, ein ungeschulter, aber sehr begabter Volkskünstler, 1989 diese volkstümliche Hauskrippe im Tiroler Stil gebaut.

Das zentrale Ereignis, die Menschwerdung unseres Herrn, ist hier in einen Ruinenstall unter einer weiträumigen Burganlage verlegt. Der mit weichen Farben gemalte Hintergrund setzt die Szenerie des Krippenberges fort mit einer weiten Tallandschaft, umgeben von höheren Bergen. Sowohl der Berg wie auch die volkstümlich interessanten Figürchen dieser Kastenkrippe, Grödner aus der Zeit um 1900, sind sehr reizvoll.

Zu den Abbildungen 90 und 91

Thomas Pfeifhofer, talentierter Sohn des bekannten Holzbildhauers Peter Pfeifhofer, ist einer der wenigen jungen Krippenbauer und -schnitzer bei uns, die berufsmäßig ausgebildet sind. Er besuchte zwei Jahre die Schnitzschule in St. Jakob in Ahrn und zwei weitere Jahre in Gröden. Diese kleine orientalische Stallkrippe ohne Hintergrund mit einigen ineinander verschachtelten kubischen Gebäuden auf dem Burgfelsen wirkt im Gesamteindruck recht geschlossen und zeigt von seinen künstlerischen Fähigkeiten (1989).

Seine anmutig geschnitzten Figuren sind mit feinster Genauigkeit ausgearbeitet und lassen erahnen, mit welcher Geduld und Ausdauer Thomas an die Arbeit herangeht. Er hat ja im Vater den besten Lehrmeister, und die Krippenbegeisterung ist wohl schon vom Großvater her vererbt.

Zu Abbildung 92

Diese echte Tiroler Eckkrippe paßt wunderbar in die alte, holzgetäfelte Bauernstube im Petererhof im Unterdorf.

Die Krippe wurde vom Petererbauern in Auftrag gegeben. *Josef Pfeifhofer* sen., Moos, hat diesen gelungenen Rindenberg ganz gut in den Holzkasten mit den geschwungenen Seitenteilen hineingepaßt (1950; 150×90×70 cm). In der Hintergrundmalerei ist sogleich die gekonnte Art *Josef Tschurtschenthalers* zu erkennen.

Mit viel Einfühlungsvermögen, Phantasie und Humor hat *Peter Pfeifhofer*, ein Sohn des Krippenbauers, den Berg bevölkert und belebt mit ausgezeichneten Figuren nach Bachlechner-Art, fünfunddreißig Figuren und einundvierzig Tiere. Die Leute lieben das Vielerlei in der Krippe. Der einfache Bericht des Evangeliums trägt hier das Weihnachtsgeschehen hinein in das bäuerliche Alltagsleben. Darum auch die verschiedenartigsten Gestalten aus dem Volksleben: Nachtwächter, Müller, Knecht beim Holzspalten, Bäuerin bei Hühnerfüttern, eine Hausschlachtung, der Bauer, der geruhsam vor dem Haus seine Pfeife raucht, usw.

Zu Abbildung 93

1985 hat der Krippenfachmann *Georg Lanzinger* diese Heimatkrippe für die Familie Benedetti-Tschurtschenthaler zu Außertrojen mit viel Einfühlungsvermögen gebaut. Die altherkömmliche Bauform der Häuser mit der Querverbindung ist dem „hölzernen Massendorf", wie Obertilliach verschiedentlich genannt wird, entlehnt. Rechts die alte Mühle am Trojer-Bach. Darüber im stimmungsvoll gemalten Hintergrund ist das sogenannte „Negerdörfl" als Fortsetzung zu erkennen.

Die zehn volkstümlich gekleideten Figuren nach Prälat Lechner hat *Josef Happacher* vom Kofl gefertigt, ebenso die zwanzig liebevoll geschnitzten Schafe und Ziegen, wofür er Spezialist ist. Von einer bekannten Krippe hat er sich einmal ein besonders kunstvoll geschnitztes Schaf ausgeborgt zum Nachmachen. Nach gelungener Arbeit brachte er dem Eigentümer spaßhalber das nachgemachte Schaf zurück. Die Arbeit war so vollkommen, daß dieser keinen Unterschied feststellen konnte.

Zu Abbildung 94

Barocke Kastenkrippe bei den Geschwistern Summerer im Unterdorf. Über den Krippenbauer ist nichts bekannt. Es ist ein Tuchberg, auf geleimtem Tuch mehrstufig aufgebaut und mit Glasstaub versehene Berge, mit einer enggebauten mehrtürmigen Stadt über der überdachten Geburtsgrotte, von Zäunen begrenzte Wege. Eine Eigenart dieser Krippe (190×90×90 cm) ist, daß die Rückwand abgestuft ist. Der obere Teil reicht weiter zurück, um die nötige Tiefe herauszubringen.

Auch die Entstehungszeit ist unklar. Auf einem Häuschen steht zwar: „1859 A. H."

Der Krippenberg kam 1928 von Innerschneider als Erbstück hierher. Die Originalfiguren wurden bis auf zwei im Ersten Weltkrieg gestohlen. Die heutigen 7 bis 12 cm großen Holzfiguren (ca. dreißig Figuren und dreißig Tiere) stammen aus der geschickten Hand von *Franz Summerer*, Pfeifer.

Zu den Abbildungen 95 bis 100

Der Krippengedanke hat die verschiedenartigsten Darstellungen gefunden. Das Volk trägt das Weihnachtsgeschehen hinein in die eigene Zeit. Der Krippenbauer *Adolf Fuchs* ist auf tirolisch-heimatliche Krippen spezialisiert. 1989 baute er diese in der Wiedergabe der Landschaft einmalige Heimatkrippe.

Daß diese heimatliche Krippenform unseren Leuten so ans Herz gewachsen ist, kann man leicht begreifen. Unsere Landschaft bietet so wechselvolle und charakteristische Krippenberge, so viele naheliegende und leicht ausführbare Motive. Hier die monumentale Bergwelt der Drei Zinnen mit der Bergkapelle. Man kann da die Heilige Familie so greifbar nahe hereinrücken in unser heutiges Fühlen und Denken.

Den Hauptteil der Figuren zu dieser Krippe schuf der junge, begabte Krippenschnitzer *Peter-Paul Fuchs* (Jahrgang 1965). Er hat eine gediegene Ausbildung durchgemacht an der Schnitzschule in St. Jakob in Ahrn, in Gröden und Graz und berechtigt zu großen Hoffnungen.

Die an den Abhängen am Fuß der Drei Zinnen nach den spärlichen Gräsern suchenden Schafe stammen von *Georg Lanzinger*, ebenso die Hintergrundmalerei.

Auf dem Felsen über der Geburtsgrotte in der Krummholzregion tummelt sich eine Gruppe recht naturgetreuer Gemsen, eine Spezialität von *Thomas Villgrater* (Jahrgang 1958). Thomas arbeitet ohne jede Schulung, nur aus sich heraus. Seine Tierbeobachtungen drängen nach einer sichtbaren Darstellung.

Diese schöne Heimatkrippe gestaltete Adolf Fuchs, Golser, als Hochzeitsgeschenk für seine Tochter Karoline.

Bildteil

Abbildung 1:
Besitzer: Filialkirche St. Josef in Moos;
Figuren: Josef Tschurtschenthaler, Kramer (nach dem Ersten Weltkrieg)

Abbildung 2:
Besitzer: Pfarrkirche Sexten;
Maler: Albert Stolz und Sohn Siegfried (1937)

Abbildung 3:
Besitzer: Pfarrkirche Sexten;
Maler: Albert Stolz und Sohn Siegfried (1937)

Abbildung 4:
Besitzer: Familie Villgrater zu Villgrater; Hersteller: Franziskanerpater Albuin Wahl (um 1750)

Abbildung 5:
Besitzer: Josef Summerer, Metzger; Berg: Anton Stabinger (1867–1942); Hintergrund: unbekannt

Abbildung 6:
Ausschnitt aus der vorigen Krippe

Abbildung 7:
Szene aus obiger Krippe.
Sämtliche Figuren von Alfons Brugger

Abbildung 8:
Besitzer: Anna Kiniger, Metzgerhof; Berg: unbekannt;
Figuren: Bruder Bruno Finatzer, Einsiedler im Wildbad Innichen (gestorben 1796)

Abbildung 9:
Besitzer: Familie Brugger in Moos;
Figuren: von Dr. Josef Ringler Johann Fasching dem Jüngeren (1764-1848) zugeschrieben; Heilige Familie

Abbildung 10:
Engelgruppe von Johann Fasching dem Jüngeren

Abbildung 11:
Begleiter der Könige von Johann Fasching dem Jüngeren

Abbildung 12:
Heilige Familie mit Königen von Johann Fasching dem Jüngeren

Abbildung 13:
Besitzer: Josef Rogger, Schmieden;
Erbauer, Maler und Figurenschnitzer:
Josef Tschurtschenthaler,
Kramer in Moos (um 1940)

Abbildung 14:
Besitzer: Familie Tschurtschenthaler, Niggler in Moos; Berg und Hintergrund: Josef Tschurtschenthaler; Kramer;
Figuren: etwa zur Hälfte Josef Tschurtschenthaler und Johann Reider sen. (Ende der zwanziger Jahre)

Abbildung 15:
Besitzer: Josef Fuchs jun., Golser; Berg: Josef Fuchs sen. (Mitte der dreißiger Jahre und spätere Überarbeitung);
Hintergrund: Josef Tschurtschenthaler, Kramer; Figuren: Josef Fuchs sen.

Abbildung 18:
Hirtengruppe von Josef Fuchs sen.

Abbildung 19:
Hirten beim Kochen
von Josef Fuchs sen.

Abbildung 20:
Musizierende Hirten
von Josef Fuchs sen.

Abbildung 21:
Besitzer: Familie Johann Holzer,
Kaufmann in St. Veit;
Berg: wahrscheinlich
von Johann Braunhofer
aus Mareit (vor 1923);
Hintergrund: von
Josef Tschurtschenthaler übermalt;
Figuren: Johann Braunhofer
(vor 1923)

Abbildung 22:
Szene vom Kindermord
von Johann Braunhofer

Abbildung 23:
Besitzer Josef Kiniger, Kirchweg 13; Berg: Adolf Fuchs, Golser (1988);
Hintergrund: Georg Lanzinger (1988); Figuren: Georg Lanzinger (1989)

Abbildung 24:
Waldkapelle, Ausschnitt aus der Soldatenkrippe

Abbildung 25:
Alter und junger Soldat an der Krippe

Abbildung 26:
Soldaten bringen Verwundete zur Heiligen Familie

Abbildung 27:
Besitzer: Josef Brugger, St. Veit;
Berg, Hintergrund und Figuren:
Alfons Brugger (um 1930)

Abbildung 28:
Ausschnitt aus der Brugger-Krippe

Abbildung 31:
Besitzer und Erbauer: Georg Lanzinger (1979)

Abbildung 32:
Ausschnitt aus genannter Stockkrippe

Abbildung 33:
Besitzer: Familie Josef Mair, Dolomitenstraße 2; Berg: Franz Mair sen. in Zusammenarbeit mit Anton Stabinger (1938/39);
Hintergrund: Josef Tschurtschenthaler, Kramer; Figuren: älterer Art und von Josef Tschurtschenthaler

Abbildung 34:
Ausschnitt,
Anbetung der Hirten mit Gloriole

Abbildung 35:
Mair-Krippe, Ausschnitt

Abbildung 36:
Kreuzgang, Szene aus der Mair-Krippe

Abbildung 37:
Besitzer: Familie Josef Reider, Garni Europa, Moos; Arbeit: Rudolf Lanzinger (1913–1989); Weihnachtsfries, Verkündigung

Abbildung 38:
Anbetung der Hirten

Abbildung 39:
Könige mit Begleitung

Abbildung 40:
Pferde aus dem Gefolge der Könige

Abbildung 41:
Besitzer: Markus Gatterer, Schmieden; Berg und Figuren: Georg Lanzinger (1988)

Abbildung 42:
Heilige Familie mit Hirten
aus der Gatterer-Krippe

Abbildung 43:
Ausschnitt aus der Gatterer-Krippe

Abbildung 44:
Besitzer: Familie Michael Summerer am Ort; Berg: Franz Summerer, Pfeifer (um 1925);
Hintergrund: Pater Magnus; Figuren: Brüder Summerer

Abbildung 45:
Ausschnitt aus der Summerer-Krippe,
Geburtshöhle

Abbildung 46:
Szene aus dem Hirtenfeld
in der Summerer-Krippe

Abbildung 47:
Besitzer: Familie Fuchs zu Hösler; Berg: Georg Fuchs (1986); Figuren: von zwei unbekannten älteren Meistern

Abbildung 48:
Hösler-Krippe, Ausschnitt

Abbildung 49:
Besitzer: Familie Josef Pfeifhofer,
Eschenhof;
Berg: Josef Pfeifhofer sen. (1932);
Hintergrund:
Josef Tschurtschenthaler, Kramer;
Figuren: Stefan Plankensteiner
aus Oberwielenbach

Abbildung 50:
Pfeifhofer-Krippe,
Verkündigungsengel bei den Hirten

Abbildung 51:
Besitzer und Krippenbauer: Adolf Fuchs, Golser (1986–1989); Hintergrund: Georg Lanzinger;
Figuren: Peter Pfeifhofer und Sohn Thomas

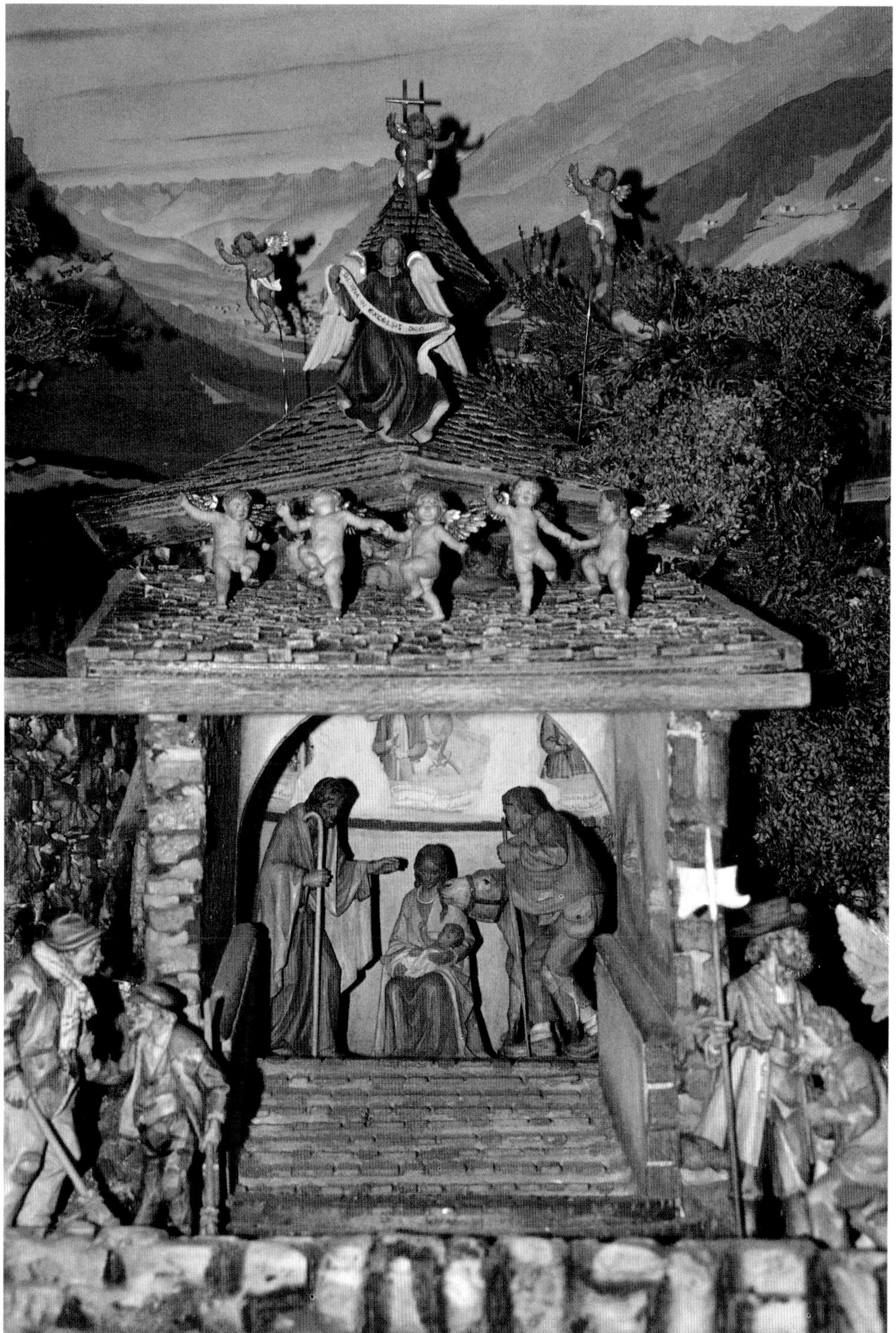

Abbildung 52:
Weihnachtsgeschehen
im Sextener Totentanz

Abbildung 53:
Sextener Pfarrkirche, Abendstimmung

Abbildung 54:
Elternhaus des Krippenbauers

Abbildung 55:
Fuchs-Krippe,
Fortsetzung von Abbildung 51

Abbildung 56:
Fuchs-Krippe, dritter Teil, Sextener Bauernhöfe

Abbildung 57:
Hirtenfeld und Figuren: Peter Pfeifhofer

Abbildung 58:
Verkündigungsengel mit Hirt von Peter Pfeifhofer

Abbildung 59:
Schafesalzer von Peter Pfeifhofer

Abbildung 60:
Straßenkehrer von Peter Pfeifhofer

Abbildung 61:
Bauernarbeit
aus vergangenen Tagen

Abbildung 62:
Die feilschenden Viehhändler;
Figuren:
Peter und Thomas Pfeifhofer

Abbildung 63:
Letzte Probe unterhalb der Kirche

Abbildung 64:
Besitzer: Karl Lanzinger, Schmieden; Berg: Anton Stabinger (um 1930), renoviert von Georg Lanzinger (1989)

Abbildung 65:
Geburtsgrotte
mit Georg-Lanzinger-Figuren

Abbildung 66:
Detail aus der Lanzinger-Krippe

Abbildung 67:
Besitzer: Peter Lanzinger, Rauter; Berg: Adolf Fuchs, Golser (1990),
Hintergrund: Georg Lanzinger; Figuren: Peter-Paul Fuchs

Abbildung 68:
Besitzer: Familie Reider, Getter in Moos;
Berg und Figuren: Johann Reider sen. (in den zwanziger Jahren); Hintergrund: Josef Tschurtschenthaler

Abbildung 69:
Engelgruppe über dem Bethlehemstall

Abbildung 70:
Bewachte Schafherde
von Johann Reider sen.

Abbildung 71:
Aus dem Gefolge der Könige
von Johann Reider sen.

Abbildung 72:
Besitzer, Erbauer und Maler: Georg Lanzinger (1990)

Abbildung 73:
Besitzer, Hintergrundmaler und Figurenhersteller: Georg Lanzinger (1989)

Abbildung 74:
Detail aus der Lanzinger-Krippe,
Heilige Familie

Abbildung 75:
Gloriole aus der Lanzinger-Krippe

Abbildung 76:
Könige reiten aus der Stadt

Abbildung 77:
Besitzer: Familie Lampacher, Gattern; Berg: Johann Außerhofer (um 1930); Hintergrund: Josef Tschurtschenthaler;
Figuren: Georg Lanzinger; Tiere: Josef Happacher, Kofl

Abbildung 79:
Hirten nach Bachlechner-Art

Abbildung 78:
Besitzer: Marianna Egarter; Berg und Hintergrund: unbekannt,
aufgefrischt von Adolf Fuchs, Golser;
Figuren: wahrscheinlich von Ferdinand Plattner (1869–1950)

Abbildung 80:
Huldigung der Könige

Abbildung 81:
Besitzer und Erbauer: Adolf Fuchs, Zurschner (1959); Figuren: Georg Lanzinger (1969)

Abbildung 82:
Musizierende Hirten

Abbildung 83:
Besitzerin und Herstellerin:
Maria Kiniger, Stoner

Abbildung 84:
Besitzer und Erbauer: Heinrich Pfeifhofer, Waldheim (1990); Hintergrund und Figuren: Georg Lanzinger

Abbildung 85:
Alte Mühle als Geburtsstätte unterhalb der „Palmstadt"

Abbildung 86:
Besitzer: Alois Villgrater, Metzger;
Schnitzer: Rudolf Pfeifhofer, Moos (1990)

Abbildung 87:
Besitzer und Bildhauer: Josef Tschurtschenthaler, „Niggler" in Moos (1991)

Abbildung 88:
Besitzer und Erbauer: Albert Tschurtschenthaler, Kramer in Moos (1988)

Abbildung 89:
Besitzer: Familie Franz Watschinger, Oberhauser; Berg und Hintergrund: Georg Lanzinger (1989);
Figuren: Grödner aus der Zeit um 1900

Abbildung 90:
Besitzer, Krippenbauer und Figurenschnitzer: Thomas Pfeifhofer (1989)

Abbildung 91:
Ausschnitt aus nebenstehender Krippe

Abbildung 92:
Besitzer: Familie Watschinger, Peterer; Berg: Josef Pfeifhofer sen., Moos (1950);
Hintergrund: Josef Tschurtschenthaler, Kramer; Figuren: Peter Pfeifhofer

Abbildung 93:
Besitzer: Familie Benedetti-Tschurtschenthaler, Außertrojen;
Berg und Hintergrund: Georg Lanzinger (1985); Figuren und Tiere: Josef Happacher, Kofl

Abbildung 94:
Besitzer: Geschwister Summerer, Unterdorf; Berg: unbekannt (1859?); Figuren: Franz Summerer, Pfeifer

Abbildung 95:
Besitzer: Karoline Fuchs; Krippenbauer: Adolf Fuchs, Golser (1989); Hintergrund und Schafe: Georg Lanzinger;
Figuren: Peter-Paul Fuchs; Gemsen: Thomas Villgrater

Abbildung 96:
Geburtshöhle mit Figuren von Peter-Paul Fuchs

Abbildung 97:
Hirten von Peter-Paul Fuchs

Abbildung 98:
Hirtenszene von Peter-Paul Fuchs

Abbildung 99:
Naturgetreue Gemsengruppe von Thomas Villgrater

Abbildung 100:
Bild aus der Krippe von Karoline Fuchs, das Wahrzeichen der Sextener Dolomiten